JN439069

오늘의 이름

오늘의 이름

김숙자비 시집

세종출판사

오늘의 이름

차례

제1부 네 이웃

제2부 네 자신

제3부 사랑

제1부
네 이웃

구름

너, 달려 보아라
내 너를 좇으리니. 나는 바람
툰드라 숲을 달리는
사슴 떼처럼 너를 따르리

뒤돌아보지 않는구나
발굽소리에 채이듯 달려가는구나
나는 상모꾼
머리의 열두 발 끈들을 돌리면서
소북 소리 스러질 때까지 너를 따르리

울창한
하늘에서 빠져나온
너, 구름이여
나의 동무여

조손가정

항상 잊어야 한다
함께 할 날이 길지 않음을

항상 잊지 말아야 한다
함께 할 날이 많지 않음을

네가 다 클 때까지
제가 다 자랄 때까지

똑같은 소원 하나
문밖에서 떨고 있다.

안개

창호를 뚫던 끈질긴 시선들 꼼짝없이 가쁜 숨만
몰아쉰다.
마음껏 쳐다보던 눈길들이 당황한다.
눈 먼 시선들 겁에 질려 뒷걸음질 한다.
항상 당당하게 뭔가를
요구하던 시선들이 발아래를 더듬거린다.
관음증 눈길들은 황망히 꼬리를 감춘다.
보증수표처럼 내밀었던 사랑의 눈길들 갈피를 못 잡는다.

시계視界를 잃은 시선들 물비린내만 응시한다

여름평상

엄마 무릎을 베자
여름별 쏟아진다
쌀집 숙이 엄마가 건네주던
찐쌀처럼 쏟아져 내린다

혼자 꺾지 베개하자
은하수 흘러간다
골목길 떠돌던 이야기들도 흘러간다
앞니 빠진 개오지
사루비아 꽃물 같은
은하수 흘러간다

기수지역

손잡고 걷는 모녀의 모습처럼
서로 머리기댄,
굴뚝의 밥 짓는 연기 같은,
냄새가 난다

손을 쓰다듬어주는
등을 긁어 주는

여기요
여기요
물어봐 주고
귀를 기울이는

번잡한 세상을 저만치 두고
지나가게 하는
수금竪琴 타는 냄새가 난다

산업일꾼

내 손을 보십시오
재봉선을 따라 눈과 발과 손이 어떻게
하나가 되는 지를
바늘과 실의 갈 길을
얼마나 신속하게 열어주고 닫는 지를

어머니들의 손바느질, 삯바느질은
옛 추억입니다

나는 마감날짜에
고통을 겪었습니다 철야와 주일근무는
선적날짜의 무리한 주문이 있어서였지요

알뜰한 월급과 초과근무
이것은 80년대의 운명, 그러나 가족을 위하여
나라를 위하여 산업을 일군,

산업일꾼

국화

봄 내내
벽파중 한량으로 보내다가

여름 한철
풀인 양 얼룩잡이로 지내다

늦은 가을
만학의 논문 한 다발 쓴다

괄목하다

신발

우리,
오래 신었더니 헤어졌다
한 달 후,
병상의 이 십 이문 고무신
목이 쉰
목木 기러기
우리,
떨어지면 꿰어야지
죽음의 독한 실로

한 달 후,
구름 없는 하늘에서
이십 이문 고무신
나란한
나무 기러기

이별을 벗는다

가시그늘

그늘은
떠나는 자와 함께 가버렸다
그 아래
혼곤히 자던 꿈도 따라 가버렸다

땡볕은
벽에 걸린 사진처럼
혼자 오래도록
그 꿈을 간직했다

남은 자
이파리도 그늘도 없이
빛바랜 사진처럼

그늘이 사무쳐
가시가 되었다

다랑논

논물 찰랑찰랑
눈물 그렁그렁

논배미 휘어지면
등허리 굽어지고

차오른 설움은
서리서리
풀어지고

햇살과 바람은
굽이굽이
거둬가네

연

너는 문득 날개가 돋았거니 한다
꼬리를 흔들며 솟아 오른다
높이 멀리 날려는 욕망이 고무된다

출발 때의 주저하던 마음들은
언덕을 달리는 아이들의 머리 보다 작아지고
함성만이 등줄기를 타고 흐른다

아주 잠깐 바람도 얼레도 연줄도 없는
너만의 비상을 느꼈다

그러나 그는 빠르게 얼레를 감는다
연실의 팽팽함에 너의 비상의 속살이 슬린다

비상의 속살
핏빛으로 물들이며
그의 얼레에 감겨 안전하게
돌아오는

너

등대

언제부턴가 골목마다
들어선 등대
밤마다 불을 밝히고 섰다
어둠과 파도에
길을 펼쳐 보인다

누군가의 폭력에 슬리퍼 바람으로
집을 나선 이에게
잠시나마 몰아 쉴 숨을 허락하고

첫 기차가 떠나기까지
기다리는 이에게
잠시나마 차가운 이별을 데워주는

집으로 들어가기가
무섭고 싫은 방황하는 이에게
늦은 귀가의 변명거리가 되어주는

나는 편의점이라 쓰고

등대라고 읽는다

봄이 열린다

이 탄성 고무는 대단한 크기다
주먹만 한데 양수와 아기를 품는다

아니 겨울의 질벽 무너져
내리고 봄을 품었다

이 봄이
아기집처럼 커진다

치골들이 다 벌어지고
봄살 찢고
봄피 터지고

봄이 열린다

남해 ㅋㅋ

바람이 쌓아올린 빛깔
수수억년 실어 나른 빛깔
남해의 황토색 흙을 만나보면

남해 ㅋㅋ

돌원추리, 섬말나리, 참나리
붉은 산꽃, 하늘소 등딱지 같은
남해의 붉은 황토 흙을 만나보면

남해 ㅋㅋ

황하 강변 그 누런 황사들을
포대기에 업어오다가
칭얼대는 모음들은 죄 떼어 버리고
오롯이 붉고 향내나는 자음만 데리고 와

남해 ㅋㅋ

모든 모음들이 사라져도
유난히 들척지근한 흙냄새 터트리는
붉은 자음만의 달디단

남해 ㅋㅋ

무제

밤새 번개가 많았다. 천둥이 따라와 크게 울었다
번개가 힘이 센 까닭은 누군가 뒤에서 울어주는
이가 있었음을 알았다 요즘 북경에서 딴 메달 뒤에는
부모님들의 눈물이 많았다고 한다 이런 밤엔 잠들지
못한다 봉숭아꽃처럼 붉은 눈물 들이느라

모래시계

가둘 수 없는 것을 가두려 한 자의
붙잡을 수 없는 것을 붙들려 한 자의
볼 수 없는 것을 보려 한 자의

영원한 5분을 가리키고 있다

세 여자

서로가 밑변이 되려는
팽팽한 우정이
단단한 트라이앵글을 만든다

톡
건드리면
버드나무 잎 햇살에 춤춘다

톡톡
두드리면
하얀 목화 꽃이 터져 나온다

톡 톡 톡
딸기 씨처럼 박힌
꿈들을 깨트리며
자신의 개성을
끝없는 우정으로 연주한다

울려라! 트라이앵글!

바다 밖에서

밖에서는 안을 볼 수가 없다
다만 냄새를 맡을 뿐

부전 역사 길쭉한
방파제 같은 창턱에서
잠든 그의 냄새를 맡을 뿐

배 멀미하듯
속을 다 토하고
속을 뒤집고
비릿한 갯냄새 닮은

삶이 증발하면서 소금기처럼 남긴
삶이 출렁이면서 파선처럼 난파한
가라앉은 냄새

안을 보여 줄 수 없는 자들은
방파제가 넘치도록
냄새를 흩뿌린다

라이어1탄

거짓은 거짓을 낳고
거짓은 거짓을 잉태하고
거짓은 거짓을 낳고
거짓은 거짓을 잉태하고
거짓의 튼실한 탯줄

끊임없이 이어지는
탯줄에 감겨
숨이 막히고, 힘이 부치고
마침내 탯줄을 자르는 용기

거짓말 속에
웃음 속에 들어가
두 시간 뒤
처음으로 정직하게 말한 진실은
누구에게도 받아들여지지 않고

사람들은 정직한 말보다 믿고 싶은
거짓말을 더 믿는 다는 거지

오늘 당신에게 한 이 말이
거짓말이길

유명배우

우리의 생활
낡은 커튼처럼 답답하고
우리의 감정
이발소 그림처럼 조악하고
우리의 관계
껴안을 수도, 질문 할 수도 없었을 때

자정까지만 지속되는 마술
낡은 커튼 바꿔주고
유리 구두에 호박마차에
목젖 드러내고 웃게 하더니

유명한 배우
이제 幽明을 달리했다

맞이한 죽음이 아니라
만든 죽음으로

이십년 동안의 꿈
자정까지의 마술

하늘공원

푸른 하늘에는
조각구름
등나무그늘과 벤치에는
조각이야기

-아, 그래. 맞아, 아이고, 진짜.

밥상보 같은
이불보 같은
자투리 공간에
예쁜 조각보 같은 공원

-별 것도 아닌 걸, 세상에 웃긴다, 참.

노동의 여울을 건너가는
눈부신 징검돌 같은
하늘공원

임종

알발에, 알몸에
알손으로 태어났을 때
무지하게 울었어
어떤 이유도 없이

지금은 환자 옷에 링거가 꽂혀
울 수가 없어
벌써 마지막 숨이었어

울 이유를 한 백가지 쯤
댈 수 있지만
울 수가 없었어

나의 병상을 지키며
종소리처럼 울리는
호곡성, 마지막 귀 맞춤에

나의 탄생이
살아나네

매미

굼벵이로 지낸 7년이 길어선지
날개 달고 살 7일이 짧아선지
너의 울음이 묘하다

길게 울었다가 짧게 울었다가
온 숲을 통째로 삼킬 듯 울다가
일순 멈추는 정적은 또 무어니

오늘 숲에서 너를 보았지
내 손이 닿을 만큼 가까웠지
아코디언처럼 온 몸을 폈다가 오므렸다
날개를 떨며 가볍게 흔드는 모습

보여줘서 고마워
네 짝이 오기 전에
내가 먼저 봐서 미안해

염천아래
네 울음이 있어

이 여름을 생각해
이 여름이 서늘해

밥상

상에는
국이 있네 찬이 있네
갖추갖추 먹거리 올라와도
밥 없으면
밥상 아니네

삶에는
믿음이 있네 소망이 있네
갖추갖추 융숭한 살거리 있어도
사랑하나 없으면
빈 삶이네

시인이여,
너의 시상에
빠지면 안 될
그 하나를 찾았느뇨

정신을 차린다

뭉크의 절규

죽음이 귀를 핥는다
죽음은 얼굴 뼈를 통해
속귀로만 전달되는
골전도를 장치한 죽음이다

두 귀를 막아도 달려든다
굳은 밥을 모르는 허리를 꺾는다

붉은 까마귀가 물결친다
술틀의 포도처럼 붉은 소리를 지른다
터진 석류 알처럼 시리게 파고 든다

난간에 기댄 마음은 시린 죽음을 더듬는다
핏빛 오로라의 파문이 일렁인다
죽음을 마신다

샤갈의 산책

그의 손에 들린 것은
파랑새 대신 비둘기

그녀의 손을 잡자 하늘을 난다

방금 마신 와인은 탁자위에 타오르고
산책길의 데이지나 패랭이 저만치 보인다

초록의 집들과 창들 눈 아래 보면서
산책길의 남녀는 두둥둥 하늘을 난다

장엄한 교회와 교회의 종소리
행복에 색깔이 있다면
핑크겠지

늙은 해녀의 빤쓰

구멍 난 채 널려있었지
동삼동 해녀들의 간이 탈의실 한쪽
어느새 할머니가 된 해녀의 꽃무늬 빤쓰

젊은 엉덩이처럼 탄력 있던 빤쓰는
거친 바람을 견디며
미역처럼 흐늘거렸어
초경 혈 선홍 꽃잎은
소금 빛으로 바랬어

한 길로 산 것을 자랑하는
육십년
성게의 돋은 가시
굽어지는 등에 박힌다

바다 속에서 산 세월만큼
숨쉬기를 멈추고 캐낸 해산물만큼
차가운 바다 속에 떨어져 나간

살점, 누군가의 중심
구멍 난 빤쓰

월담

순례자들의 첫 속삭임들이
한 적한 길 위로 흐른다
가슴 가득한 설레임이
한낱 꿈이 아니었다고

하루의 어려움이 삶을 더하는 것
하나의 기쁨이 네 生을 채우기 위해

뒤에 오는 얘들아
한 마리 새의 날음을 배워라
새의 날개를 갖기 전에
내 말을 듣거라

첫 순례자의 피와 땀이
내 손바닥에 가득히 괸다

언제나
멀리서만 바라라던
그 푸르름을
이제
네가 갖거라

斷想

갑자기 눈을 뜨면
천정무늬들
한 점 두 점 뭉게구름 된다

내 마음에 새겨진 무수한 언어들
내 추억에 잠겨진 숱한 벗들
한 덩어리 되어
밀려온다, 자꾸만 부서지며

바다는 언제나 거기서
똑같이 희망과 슬픔을 안고서
내게 부딪혔다

내 최초의 시는
파도가 되어 출렁이었고
내 마음은
끝없는 수평선으로 달려갔다

불가사리, 어린이의 웃음, 바람과 파도는
아직도 살아 있을까
철조망 내린 바닷가에도

짐

숨쉬기가 힘들 정도로
사지가 후들거릴 정도로
땅속으로 들어가고 싶도록
허리가 굽어지도록
가슴을 펼 수 없도록
하늘을 볼 수 없도록, 무거운

그의 짐은 오래된 지갑의 가장자리처럼 낡았지만
아침마다 새롭고
그의 짐은 세상 밖으로 나가길 원하지만
밖으로 난 문을 찾지 못하고
그의 짐은 날마다 망설이다 하루를 다 써버립니다

그의 짐이 저 아래 어두운 구덩이에서
박차고 나와
앰블란스처럼 요란하게 외치며 달려 나와
응급구호 받기를

그리하여
가벼운 짐이, 들 만한
짐이 되길

진단

어떤 지적 장애 없이도
발달 장애 없이도
특정 행동을 반복하는 상동증常同症을 보이고
기분과 정서의 불안정성을 보인다

기쁨이나 흥미, 성취 등을 다른 사람과
자발적으로 공유하려 하지 않는다

혼자서하는 행동을 좋아하거나
다른 사람을 보조물처럼 참여시킨다

특정 언어를 판에 박은 듯한 일정한
방식이나 반복적으로 사용한다

그는
장마라고
진단 받았습니다

쇼윈도

탐욕에 긍지를 채색하고

오만에 겸손을 도금한

걸음마다 위선을 반짝이는

쇼윈도가 필요한 도시처럼

그의 상념의 날개는

밤새 퍼덕이다 새벽쯤 시간에야

간신히 잠들지만

그러한 날들을 위해서도

태양은 떠오르고

쇼윈도는 있어야 한다

여행

잘못이 먼저 태어났지만, 흑암 중은 아니었고
태양이 빛났고, 나뭇잎은 푸르렀지
바람도 꽃들의 향기를 부지런히 나르고 있었지

용서는 그 뒤에 태어났어, 흑암 중에.
많은 어리석음이 바위처럼 솟아 있고
스스로의 눈을 찌르는 손들이

캄캄한 어둠을 더듬고 있는
용서는 잘못을 본 적이 없어
잘못은 태어나 바로 생명을 잃었으니까

이제 용서는 고독한 여정을
출발해야 해
태양과 나무와 꽃과 바람을 찾아

어떤 풍경

이런 광경을 왜 보게 되었을까

아버지는 길 한복판에 쓰러져 계시고
열두 살 딸은 아빠를 일으키기에는 힘이 부치고

이런 광경을 왜 보게 되었을까

아빠…아빠… 안타까이 부르는데
괜찮다…괜찮다…
되뇌는 두 목소리

아버지가 길 한복판에
쓰러진 것은 술 때문이 아니다
딸이 길 한복판에서 아버지를
부르는 것은 아버지가 아니다

먼저 간 어머니, 어머니

술 마셔야 오는 그의 아내
아버지라고 부르면서
부르는 어머니

그림 속의 여인*

목이 길어
모자를 비뚜르미 썼나요
얼굴이 길어
손가락으로 받치고 있나요
하늘이 파래서
눈 색깔도 파랗나요
사랑을 받아서
장밋빛 벽을 배경으로 했나요
꼭 다문 입술이
무슨 말을 하려는 것 같아
자꾸
귀 기울이게 되네요

---

* 모딜리아니의 큰 모자를 쓴 잔 에뷔테른

제2부

네 자신

밤우물

한밤의 우물가

슬픈 손길에 풀려난 두레박
천천히
내려간다
정적을 깨치고
꿀렁꿀렁
눈물의 어깨가 기운다

달빛에 빛나는
기도를
길어 올린다

한세상

가난은 불편하고, 수치를 덤으로 받는 것;
그쯤은 알고 있었다
너덜해진 신발들, 반질해진 옷들

문득 달빛처럼 고요한 세상
가난해서 겸손해진 세상

그 순간
가난은 그냥 가난이다
불편과 수치마저
그림자처럼 빠져나간 세상

저편 나라 가난은
헐벗은 발들을 위해
밤이슬을 꿰고 있다

약속

너는 왜 듣지 않았지?
황금빛 찬란한 손이 네 창을 두드리는 소리
아니, 주황빛 손이었던가?

네가 들었다면 아침 해를 보았겠지
황금빛 바다를 보며 새날을 빌었으리

나는 왜 지키는가?
너와의 약속을
늦겠다는 너와의 약속을

손가락 건
사랑의 약속은
지키지도 못하면서

바위 집

그 집은
돌계단도, 마당도, 돌담도 이끼다

한 그루 단감나무
발부리도 이끼다

그 멋있는
기와지붕에도 이끼다

그리고
밤이면 흰옷 입은 이 찾아오는
우물도 이끼다

기가 막힐 세월을
이끼로 수놓고 살아온
바위 집이다

손

빨래를 하거나
청소를 하거나
밥을 지은 적이 없는,

하지만 머리 위에 난
벼슬처럼
꼿꼿이 서
새벽을 알리는,

그러나 사실
그 손은 게으른 자의
손일 뿐
소망의 비유일 뿐

모과

친구들이 잠든 방을 빠져나와
달밤을 게워낸다

모과 주를 마셨을 뿐인데
수챗가로 울음꽃 향내가
쏟아져 간다

삽짝 밖에 어른거리는
용해빠진 얼굴
여자로, 엄마로 ,며느리로
삼켜버린 탄식의 모습

삶이 빚은 냄새
사타구니 냄새

모과거죽이
울퉁불퉁한 것은
냄새에 울렁증이 있기 때문이다

봉투

허리아파
옴짝도 못하자
이리저리 뒤척이며
밤 샌 날이 부러웠다

못 잔 날도 뒤척임이 있어
은혜였음을

부모님께
봉투 드릴 수 있다면
오십 넘은 자식의 봉투 받을 수 있다면
그것 또한 은혜인 것을

뒤집기가
봉투가
은혜인 줄 알기 까지
기다려준
주
찢어진 휘장

모래밭

어머니는
입맛 없다 하지 않고
모래알 씹는 것 같다 하셨지

어머니는
눈이 아프다 하지 않고
모래알이 머들거리는 것 같다 하셨지

억장 무너지는 소리로
가슴을 후벼 팠던 자식들로
어머니 입안은 온통 모래밭이었지

눈에 넣어도 아프지 않는 자식들
어머니의 모래밭들

나는 걷는다, 모래밭을

발이 자꾸 빠진다

무궁화 꽃이 피었습니다

익숙했던 얼굴들이 꽃이 된다
발걸음은 나비처럼
옷자락은 꽃잎처럼
움직이지 않는 꽃이 되어야한다

움직이지 않는 것은
흔들리지 않는 것은 꽃이 아닌데

무엇을 하다가도
무궁화 꽃이 피었습니다
그 짧은 순간에 멈출 수 있는
어려서 배운 그 놀이가

흔들리는 세월 속에
움직이는 시간 속에
잠깐 멈추고
하늘로 고개를 들게 한다

너

너는 가수들 뒤에서
화음을 내는 코러스

너는 자꾸 숨는 모자원 아이
사람들 틈에 섞여선
아파트에 사는 척하는

너는 왕따지
배추만 찾는 이들에겐

너는 다리가 긴 요즘 아이들이지
미끈하게 인생을 요리해

너는 잘 알 수 없지
순한가 하면 아리고
무른가 하면 아삭하고
달콤한가 하면 맵기도 해

너는 내 어머니야

겉과 속이 한가지 색이야

너는 내 아버지야
곧잘 바람을 피웠지
그러나 얼음을 깨고 나와

아삭이는 교훈을 일깨우는
동치미 같은 아버지야

횟대보

어머니
하얀 옥스퍼드 천에
붉은 다알리아 꽃 수 놓아

아버지가
가져온 성공담
우리가
건져온 모험담
다알리아 꽃밭에 묻어둡니다

성공담 뒤의 벙어리 눈물
모험담 뒤의 목이 쉰 좌절
꽃밭에 덮어 둡니다

나직이 자장가 부르는
붉은 다알리아

덮어서
지나간 과거

행복한 동거

언니들이랑 노는데
-뭐니 뭐니 해도 붙어 먹는 게 최고야
-손에 잘 들면 뭐해? 다 붙어 먹고 나니 칠 게 없는데
어디 화투놀이뿐이랴
붙어 있다는 것은 행복의 다른 이름이다

흑백사진을 보는데
입술까지 내려가도 흡 당기면 다시 콧속으로 들어가던
종이호루라기 끝에 매달린 테이프처럼
추위를 쫓아내는 부적처럼 붙어있던 콧물이 생각난다

붙어 있다는 것은
그것이 누런 콧물일지라도 그립다

사막

세상에서 가장 부지런한 너,
지치지도 않고 쉬지도 않고
빗질하는 너, 한 번쯤은
쉴 만도 하련만
오래된 대청마루 윤이 나게
닦아내는 어머니의 손길 지닌 너,
당신의 상처나 아픔은
자식들이 볼세라 얼른 지워버리는
어머니의 손길 닮은 너,
지나간 발자국들 모두 지우고
바람의 흔적만을 돋을새김 하는
마법의 빗자루 가진
세상에서 가장 부지런한
너

운동장

냄새가 잘 보이는 날이다 소나기가 지나가면서
운동장 모래알들 짠 바다 냄새 기어이 토해 낸다
무덤까지 갖고 갈 비밀 같은 냄새들 선연하다
허파꽈리에 맺힌 바다의 추억, 달구어진 깊은 숨,
거미줄에 걸린 물방울처럼 또렷하다

예측할 수 있는 소나기는 소나기가 아니지만
예보된 소나기가 지나간 운동장엔 군데군데
웅덩이가 파인다 웅덩이에 고인 것이 빗물인지?
아니면 침이 고이게 하는 살구처럼 소나기들이 모래
알들에게 추억을 고이게 했는지?

운동장엔 달궈진 추억의 냄새 흥건하다

포스코 후판공장에서

와인더를 따라
뜨거웠던 시절이 지나 간다

귀가 길에 날라 온 빗자루가 얼굴을 지나 간다

늦었다고, 10시가 넘었다고
빗자루를 던지던 아버지
술 먹지 말라고 말하고 싶었지만 애먼
귀가 시간이 모루 위에서 두들겨졌지

눈탱이 밤탱이 된 원망은
물속에서 담금질되어
조신하게 납작해졌다

아버지가 없듯이 대장장이는 없었다

후판공장에서는 거대한
압연기가 청춘을
납작하게 조신하게 담금질하고 있었다

압연기에는 후회가 없다

포도

포도엔 어디
젖꼭지가 있어, 젖 냄새 풍기는
엄마가 있어

다 자란 영구치 잊게 하고

포도엔 어디
젖꼭지가 있어, 둥근 유방에는
통통 불은 여름이 있어

붉은 태양을 짜낸다

삼키는 자와
물리는 자의 노래 있어

쪽쪽
포도 한 송이를 먹는다

쪽쪽
여름 태양을 먹는다

추석 달

내가 보고 있는 달은
내가 알고 지내던 달이 아니다

가족들은
달을 핑계로 모였다
선물들은
달을 핑계로 포장하였다

가족들은
고속도로를 핑계로 모이지 않았다
선물들은 부쳐지지 않았다

모이지 않은 가족들은
추석 달 주위에 둘러 앉았다

하늘에 차려진 두레상

가을편지

내리는 눈을 두고 두 선객이 설왕설래할 때, 설두화상은
'나였으면 첫 마디에 눈을 뭉쳐 그 놈 상판에 던졌을
텐데, 아깝군' 했다

항상 반만 피우고 비벼 끄던 아버지의 담뱃재떨이가
눈덩이처럼 날아온다

용문사 은행나무 가지 위의 수만 이파리들
면상에 날아온다

아버지의 아깝군 하는 소리가
용문사 마당을 밟는다

아깝군, 아깝군
노오란 이파리되어
등천한다

부탁

오늘도 나는
부치지 못한 편지를 적습니다
편지도, 나의 운명도
언젠가 한 줌의 재가 되겠지만
꽃을 찾아 도는 나비처럼 가볍겠지만
참으로 오래 기다린 굼벵이의
꿈이 잊히지 않습니다

일상에 묻혀
꿈들은 시름이 되거나
기침이 되거나
한숨이 되거나
눈물이 될 뿐입니다

하나의 가늘고
긴 현이 떨리기 위해서는
아름드리 소리통이 있어야하듯
당신은 지쳐버린 나의 꿈을 위한

소리통이 되어 주십시오

당신의 손가락 가는 대로
나의 꿈을 움직여
이 세상에서 가장
빛나고 귀한
그런 소리를
만들어 주십시오

벽화

새벽이면 아버지 벽화를 그린다
신문지로 초벌 바른 벽에다
연기로 그리는 벽화다

밤새 뒤척이며 그린 청기와 집
다른 점은 안료이다
부엌에서 들려오는 밥 짓는 소리
세상 모르고 잠든 아이들은
벽화의 귀한 물감
강건한 꿈을 그린다
새벽마다 면벽하고 그림을 그린다

아버지는 일흔 여덟에 벽화를 끝낸다
자식들은 아버지의 벽화를
감상할 줄 모른다

새벽기도

목 놓아 울지 못하고
숨죽여 운다
멀고 깊은 강가에서 우는 갈잎
옷을 찢는 소리

새벽마다 울었던
갈잎이여
멀고 깊은 아득한
강가의 참회여

와서 나의 기도를
쓰다듬어다오
그대가 대신 울었다고
말해다오
숨죽여 울었다고
말해다오
부드럽게
어루만져다오

모닝페이퍼

다른 사람들은 배추 절일 때 쓰는데
나는 아침잠 깨울 때 쓴다
굵은 소금이 눈 안에 가득하다
하품만이 소금들을 녹인다
다시 졸립다
한 시간 일찍 기상하니
못 듣던 소리와 냄새가 있다
옆집이 아닌 집의 개 짖는 소리
산복도로 위 절간의 염불소리
내가 피우지 않은 모기향 냄새
비닐이 바스락하는 소리
밤새 골똘히 생각한 형광등 피곤한 낯빛이다
어쩌면 소리와 냄새들 때문인지도
어쩌면 혼자였기 때문인지도
혼자서 운 적은 있지만 혼자서
소리 내어 웃은 적은 없는 형광등이다

꿈

대문을 세차게 두드리는 소리 혹은
온 몸의 피를 얼게 하는 짓눌림 혹은
머리맡에 이름 모를 짐승이 말없이
웅크리고 있는 느낌으로
새벽 4시에 나를 깨운 이유가
당신의 기도가 시간 속에서 엄수 되게 하기 위해서 입니까

세 겹의 살을 찢어 수술 받으며
핏줄기가 솟구치고 다시 한 번 숨결소리를
불어주고 생명의 태동을 느끼게 한 이유가
각성의 수면이라도 당신을 생각하고 그리워하기 위해서
입니까

충고들은 슬픔처럼 서 있습니다
물리지 않는 먹이 감으로
끝없이 꿈을 꿉니다

꿈2

시월의 끝은
구르는 마음들
한데 엮어 펼쳐 놓은
하늘 따라 흐르고

네게 있어 한낱
지난 얘기
내게 있어 여직
눈물이더니

꿈이야 깨어서 헤아려야지

수행어

화면이 열리며 나를
밝은 신호음으로 가볍게 톡톡 두드립니다
나의 손가락은 조금 긴장합니다 나는 느낍니다 잘 할 수
있음을
그리하여 나는 손가락을 화면에 갖다 댑니다

내가 손가락을 대기 전에는
아무 일도 일어나지 않습니다
어떤 복사도 삭제도 전달도 공유도 없습니다
꾹 누르자
수행어들이 꼬마병정처럼 나타납니다
내게는 낯선 병정들도 있었지만
익숙한 하나 '삭제'를 누릅니다

그리하여
오늘도 나는
내 생각이 아닌
내 그림이 아닌
내 사진이 아닌 것들로 넘쳐나는 내 머리 속을
꾹 누릅니다

당신의 꽃씨

스물 아홉, 젊음의 꽃대 위에서
꽃잎처럼 당신이 가던 날,
쯧쯧
염하러 온 이도, 문상객도
쯧쯧
너무 이르다고
쯧쯧
가벼워진 꽃받침을 울리는 초상

당신의 어머니
미치지도 않고, 애통해 하지도 않고
터져버린 꽃가루 주머니 헤집어
돌 지난 큰 손주, 인큐베이터의 작은 손주
밑씨같이, 꽃씨같이 건져 낸다

살아남은 자의 슬픔이
숨어 있기 좋은
꽃씨, 무릎 세워 끌어 안는다

주름진 세월
꽃씨 틔워 여기 이렇게 웃고 있는 것을
아, 당신
보고 있는지

꿈3

단발머리 소녀는 꽃다발을
들고서 고개 숙여 미소 짓는데
꿈이다

현실은 높아가는
혈당수치, 보내야 하는 서류들
밀린 운동이 한 다발이다

광기와 같은 집착은
끊임없는 내면의 파도를 불러내어
아이디어를 고등어처럼
튀어나오게 한다지만

현실의 바다는
잔잔하다 못해
호수다, 거울이다

소망의 거울이여,
고등어의 아이디어여,
튀어 올라라!

꿈4

생각과 행동의 간극間隙에 있는 작은 마을
그곳에서 꿈을 꾼다 꿈의 단골손님은 중년의 여자이다

걸핏하면 화내고 삐딱하면 울고 있다 치과의 마취 주사 같은
예고 없이 받은 아픔에 울고 있다 생각지도 못한 상처에
화를 내고 있다

바람이 쓸고 간 비닐봉지처럼
새처럼 훌훌 날아가 버린
청춘

그는 팔을 들어 손바닥을 털고 있다
빈 손 만이 그의 행적의 유일한 결과물이다

그 마을에서는
생각에 젖은 꿈들이 많다

이월의 눈

돌담위에는
아침에 내린 눈
이끼처럼 바람 견디며
억년 세월 함께 하자고
바위와 같이 살자고
굳센 약속 하는 듯

마당의 감나무 위
태양이 걸리고 바람이 날리자
이월의 눈
바위와의 약속을 저버린다

같은 생월의 나는 무안하다
그렇지만 내가 태어난 날은 무척 추웠다고
눈이 왔으면 바위와의 약속
하루쯤은 지켰을 수도

이유

1
한번은
철 들고 나서도
미워한다는 소릴 했음 했다
이제는
나이도 들어
까닭을 얘기하고자 했다
허나 내겐 그것이 불가능한 걸
좋아하는 이유를 말할 수 없었듯이
정당한 사유 없이
내가
결석했듯이

2
어둔 내 창 너머
낮은 산 위에 뜬 유난히
붉은 달을 보고
울고 있는 나에게
왜 우냐고 묻는다면
왜 사냐고
되묻을 수밖에

위하여

높이 든 잔이 떨린다
이 잔이 비워지면
영영
이별이란 말인가

그대. 나의 영원한
태양, 그대 나의
불꽃이여, 그대 나의
치명적인 연인이여

그대 앞에 나는 언제나
보잘 것 없고, 그대 앞에 나는
항상 머뭇거리고, 가만히 서성일 뿐

그래도 한구석 믿음직한 얼굴
핏줄 같이 땡기는 모습이었던 것을

이 잔이 비워지면
영영
이별할 수 있단 말인가

무심하신 이여
나의 나태여

위로

내 청춘의 한 지점
벽들은 우울한 눈빛으로 가만히 서 있고
문들은 구슬픈 노래만을 읊조리고
천정은 밤낮없이 콧물을 쏟고 있었을 때
고아처럼 외롭고
창기처럼 거리로 나선
음울한 시간과의 약속만을
굳게 믿었던 한 지점

보들레르가 위로하누나

위선의 독자여, 내 동류여, 내 형제여

행복

하늘을 보는 기쁨을
파도소리를
걸을 수 있는 행복을

별을 헤는 기쁨을
바람소리를
풀잎을 뉠 수 있는 행복을

작문 시간에 행복에 관해
이렇게 썼다 맘속으론
나하고는 상관없는 것이
행복이라고 믿으면서

삭힌 감

한쪽 눈이 찡긋한 외할머니
항상 웃고 계신다
어린 손주를 부르신다
무슨 일인지 모르지만
방학도 아닌데 엄마 따라 갔는데
여름 과일도 가을 과일도 없는 계절에

삭힌 감을 주신다
익기도 전에 떨어진 감들
떫기도 하고 작기도 한 감들
못 먹는다 버리지 않고
못 쓴다고 홀대하지 않고
소금물에 삭혀 떫은 맛을 없앤

미처 익지 않은 그 단 맛을
한 방울도 흘리지 않고 녹여낸

지금도 달려가면 찡긋 웃으실 것 같은
외할머니 닮은

삭힌 감

창고

내게는 한 창고가 있어
속이 꽉 찬 창고가 있어

평생에 쌓고 모아온 것들
누구에게도 보여주지 않고
가만히 모아온 것들

왜 그랬을까 보여주기도 하고
나눠주기도 하지

나이 들면 비어 있을수록
좋을 창고인데

쌓아두기만 한
은혜의 창고

늦둥이

늦둥이 키우는 재미에
한 해가 저무는 줄을 몰랐다
며칠 후면 새해이다
몇 번째의 새해인가

남들이 자녀 양육으로
바빴던 세월을
혼자 시간 축내며
얼측없이 살다가
노년에 늦둥이 키운다

자식은 노년의 면류관이라는데
나의 늦둥이, 글쓰기
면류관 아니어도
씩씩하게만 자라다오

동거자들

슬레이트 지붕 아래
큰방 천정 사이에 사는 고양이가 있다
자주 울고 자주 다투고 자주 뛰어 다닌다
모기 한 마리가 책상 위를 산책한다
거미가 작은 방 코너에 둥지를 틀었다
나의 시선을 받고
청각을 받고
애증을 받고
살고 있는 동거자들이다

나의 둥근 지붕아래
회색천정 사이에 사는 동거자들이 있다
자주 계획하고 자주 취소하고 자주 펼쳐 보인다
혼자 있으면서
생각하는 사람들
의논하지 않으면서
의논할 사람들

단기 세입자처럼 자주 바뀌는 동거자들이다

문득
재봉틀 고칩니다
재봉틀 고칩니다
소리가 지나 간다

제3부

사랑

봄날

모서리를 깎아 낸
무같이 동글동글
햇볕이 따사로운 날

솔방울만 보면
벽난로를 떠올리는 아이처럼
봄날이면
떠나간 사랑이 무릎을
베고 눕는다

눈물 방울져
얼굴에 떨어져도
세상모르는 아이처럼
입을 틀어막으며
웃음을 참는다

이별을 모르는 사랑이
봄마다
꽃보다 먼저 피어난다

소쇄원

거친 물살 건너야만
만나 볼 수 있는

여닫는 출입문으로는
들일 수 밖에 없는
세상사 번잡함을

흔들어 씻는 빨래처럼
두들겨 빠는 빨래처럼

흐르는 계곡물에
깨끗이 씻어
맑고 시원한

소쇄원, 애양단에는
겨울에도
햇볕이 잘 든다

스승과 제자의
다사로운 사랑처럼

설레지만, 나무는

한없이 흔들리고
눈부시게 나부끼는 것은
뻗은 가지와 무성한 나뭇잎의 일이겠지

조그만 눈짓에도
새 떠난 가지처럼 흔들리고
한마디 격려에도
햇살 일렁이는 나뭇잎처럼
나부끼는 것은
흔한 사랑에 빠진 자의
설레는 몫이겠지

뻔한 사랑이든
무심한 바람이든
스치우는 것은
모두 가슴에 묻어두고
가지런한 이빨 드러내고
웃는
오월의 나무

밤 벚꽃 길

가로등 불빛은
검색대의 불빛이 되어
벚꽃의 알몸을
찍어낸다

알몸이 찍히는데
지난 사랑도 찍힌다
밀수품도 아닌데 적발당한 사랑

까마득히 잊었다던 젊음이
꼬르륵
꼬르륵
물방울처럼 솟아올라

한 잎
한 잎
지나는 행인에게
입맞춤한다

동녘은

동녘은
튼다하고
양수는 터진다 하네

사랑은
트는 동녘일까
터지는 양수일까

이 아침
밤길 걸어온
내 발이 부르텄네

고물상

그곳에 가면

살 없는 빗들이 머리를 빗고

살 없는 바퀴들이 자전거를 굴리고

살 없는 물레들이 실을 잣고

살 없는 창문들이 벽을 덜컹이고

살 없는 얼레들이 연을 날리고

살 없는 연들이 하늘을 날고

살 없는 부채들이 여름을 나고

살 없는 떡살들이 무늬를 찍고

살 없는 화살들이 세월을 가르고

살 없는 사람들이 살들을 찾는다

우리, 살을 붙일까요

겨울하늘

심심해서 상심해서

멀어져갔다

아파서 보고파서

깊어져갔다

추워서 시려서

움츠린 모가지

한 번 빼 보라고

높아져 갔다

살얼음 낀 눈물들

시퍼렇게

쟁기질 했다

갈아엎었다

열매

꽃이 되어서 웃었던 날도
나비 불러서 가루 분분 날린 날도
여자야, 뜨거운 눈물 모두 거두어
열매 속으로 감추었구나

열매 껍질 속은
꽃보다 부드럽다
눈물에 젖어

봄은

겨우내 잘 먹었던
무나물과 시락국이 물릴 때 오는 게 아니라

앞산 나무들이
마지막 한 잠, 눈을 뜰 때 오는 게 아니라

바람의 방울들이
버들강아지처럼 얼굴에 와 닿을 때 오는 게 아니라

내 겨울의 밥상 치우고
내 앞산 나무들
내 바람방울들
모두 안고서
당신이 내 눈물 닦으며
붉은 숨결, 붉은 향기 뿌릴 때

오도이다
찾아 오도이다
봄은

웅덩이

배꼽 하나 파이기 위해 몇 달을 기다렸는데
발자국 텀벙거리고 갈만큼
패이기 위해서라면
하루 낮의 비 그림자는 너무 짧겠지

일상의 무심한 만남들이
굳은 땅을 스며 나와
웅덩이 되려면
한 번 만남의 비 그림자는 너무 짧겠지

그리운 기억이
무심한 시간을 열 달 이상 핥아야겠지
다정한 기억이
시간의 등에 열 달 이상 눈을 뗄 수 없겠지
애틋한 기억이
구성진 노래에 열 달 이상 귀 기울여야겠지

한낮의 꿈과 같은 웅덩이에
오래 기다린 그리움과 다정함과 애틋함이
고여있다

젖꼭지 같은 아이들이
첨벙거리며 지나간다

기적

너는 바위처럼 침묵하려 했으나

깻잎 머리한 누이는

적막한 손톱에 꽃물 들이 듯

붉게 짓이긴 울음 운다

그 바위 속 붉은 꽃물

꽃 새벽길

기차가 떠나고

기적소리와 눈빛이 마주쳤다

지도地圖

이런 지도 갖고 싶어요

멀리 떨어진 당신 집 앞으로
옮겨진 나의 집, 담장의 장미는
내 아침인사, 마당의 해바라기는
당신 집 쪽으로만 고개를 돌리는

무시로 당신 집을 방문하는
부엌의 된장찌개 냄새를 질투하는
나는 성사되지 않는 우연의 맞닥뜨림에
마음 졸이는

당신과 나의 집이 마주하고 있는 지도

크게 열린 내 귀는 당신 집 넘어가는
감나무 가지처럼 뻗어가고
내 심장은 석류열매처럼 익어가고

비가 오고 눈이 오는 소리
동시에 들을 수 있는

달이 뜨고 해가 지는 하늘아래
함께 있을 수 있는

멀리 떨어진 당신 집은 그리니치 천문대처럼
가만히 있어요 나의 집이 당신 집과
마주 하게끔 부탁할 테니까요

거리距離가 없는 지도地圖

사과

빨간 사과 껍질을 깎는데
왜 하얀 꽃잎이 떨어질까

빨간 사과를 먹는데
왜 하얀 꽃잎 맛이 날까

언젠가 당신을 만났을 때도
하얀 꽃잎이 피었을까

빨간 사과는 어디가고
왜 까만 사과 씨만 살아 있을까

무제2

봄날의 빗소리
여름날의 흙냄새 같은
너의 이름을 부른다

사람들 사이를 걷는다
골목길을 걷는다
저자길을 걷는다

소리를 깨문다
나도 모르게
고인, 그 이름

누군가와

누군가와 헤어지자고 마음을 다져도
자꾸 눈물이 나올 때는
헤어져 혼자 있어도
좋을 때는 아니다

부드러운 말이 필요할 때도 있지만
적절한 충고가 필요할 때도 있지만
그저 말없는 손길만이
좋을 때가 있다

당신이 날카로운 날을 세워 나를 깎으려 들 때
나는 부드러운 스펀지가 되어
당신이 어떤 조각도 할 수 없게 해야지
나는 찢겨질지라도
절반의 성공이라고

당신은 모든 것을 알면서도
모든 것을 행하면서도
침묵하고
겸손하고

평등하고
무심하군요

아, 세월이여
사랑도
이별도
당신이 가져가소서

월은아, 같이 놀자

소중한 추억들은
활짝 편 공작 깃처럼
형형한 빛을 던지는
손 때 묻지 않은 소리이다

시간과 장소와
사람들은 버들강아지처럼
부드럽고, 솔기없는, 여린 청춘의 그리움이
스치우며 나대는 소리이다

살아남은 세월은
커다란 꿈의 하늘 아래로
흘러가는, 쉼 없이 빛나는
강의 노래이다, 꽃의 노래이다

연미 선생님

봄날에 쑥 캐러 갔는데 선생님이 계셨다
쑥 뿌리가 서로 연결되어
끝없이 이어 진다

선생님의 길고 긴 호흡의
노랫소리처럼

봄날에 쑥 캐러 갔는데 선생님을 만났다
노란 들꽃들 피어있었다

착하고도 다정하게
예쁜 미소로

봄날에 쑥 캐러 갔는데 선생님을 뵈었다

조금 싸늘한 봄바람 속에서
곧 따듯한 봄을 예감하고
격려하는, 성실하고
정직하고, 진실하고
정확한

선생님, 우리 선생님

쬐끔

누군가 자꾸 내 이름을 부른다
지금 생각 중인데
좋은 말 찾는 중인데

이 세상에서 누가 제일 예쁘니?

당연히 '나'지요
나만큼 예쁜 사람 많이 있겠지만
그래도 역시 내가 쬐끔이라도
더 예쁘다고 다들 그러더라구요

누군가 자꾸 내 이름을 부른다
지금 준비 중인데
지금 바쁜데

이 세상에서 누가 제일 예쁘니?

당연히 '너'지요
너 만큼 예쁜 사람 많이 있겠지만
그래도 역시 네가 쬐끔이라도
더 예뻐 보이네요

내가? 네가?

秘歌

벼이삭이야 반드시 숨겨야지
소중한 것은 숨기고 싶은 마음
창고에 숨길까
함에 숨길까
마음에 숨길까

숙이가 내를 건너서
솔밭으로 가던 길도
숨길까

숙이가 솔밭에서
손에 꽉 쥐었던 머리맡의 풀도
숨길까

숙이가 엄마에게
머리통 쥐박히며 갔던 병원도
숨길까

벼이삭이야 반드시 숨겨야지
소중한 것은 숨겨야지

불안

알 수 없는 욕망이 웃음으로 날리고
불빛은 꿈길처럼 흐르는데
어디라고 정한 곳 없으면서 걷고 있는 나날들이
가진 자의 불안인가 갖지 못한 자의 고통인가
저처럼 무심한 얼굴들이 내게 준 의미들이
네게는 한낱 구호를 위한 깃발로만 게양되고
식어간 사랑은 식사기도에만 은혜 되어 흐르는데
무어라 말 할 수 없는 마음들은 버스 속에서 흔들린다

우리의 크나큰 사랑은 좁다란 개울 하나 제대로
건넌 적도 없는데
우리의 지나친 열등감은 광속으로 지구를 벗어 난다
그래 이따금 우리가 보낸 소심으로 열매 맺지 못한
그 숱한 미련을 대신한다 하더라도

마음에 노상 걸리는 말, 누웠다가도 벌떡 일어나
하는 말, 자다가도 꿈에 보이는 것
잡았다고 생각하는 순간에는 벌써 보이지 않는 것
우리의 크나큰 사랑은 마음 한 장 넘기기도 힘드는데

우리의 지나친 우울은 광속으로 지구를 벗어난다

해서 얼핏 본 별들은 우리의 무덤 위에서
떨어지고 끝내 전하지 못한 영상은
광속으로 우주를 달린다

밤

괘종시계가
열두 번을 울리자
소리들의 세상이 왔다

겨울바람이 먼저 왔다
메밀묵 찹쌀떡도 실려 왔다
자정을 가르는 차 소리도 함께 왔다
차장의 졸린 눈썹이 깜박이는 소리도
슬며시 왔다.
기적소리도 먼 곳에서 왔다

그러자
밤이 혼자 울기 시작했다
나는 심장소리도 숨소리도
덧입히기 무안했다

함께 나눈 시간들

세월을 따라 바다로 갔는데
물결 거슬러
강으로 돌아온 연어 떼 같은 그대

거대한 세월의 물결이
지워 간 기억들
똑 같은 옷, 똑 같은 머리핀, 똑 같은 단발머리들이

폭포를 거슬러
뛰어올라
강으로 돌아왔다

연어가 새 생명을 위해
강으로 돌아왔듯
서로 다른 세월 거슬러
새로운 시간들을
함께 나누기 위해 돌아왔다,
강으로

어떤 미소

그 옛날
그가 지녔던 아름다움
그가 받았던 고통보다
그가 배운 미소

어두운 하늘
밤마다 찢기우고

아침마다 새롭고
날마다 벗기우는

영원히 지워지지 않는
고통보다 처연한
최후의 가면

原

차가운 바람처럼
옷 속을 파고드는
고개를 들지 못하는
안으로 설기설기 내리운
읽기 힘든 표정
태양을 삼켜버린 어둠

세월이 지나갑니다
알지 못하지만
말할 수 없지만
당신의 슬픔
당신의 아픔
이제는 거두어
해가 되소서
하늘이 되소서

오늘의 이름

관리비 내러 가는 은행길에
조금 먼저 핀 벚꽃나무
눈길이 가는데, 꽃송이보다
더 눈길을 끄는 소녀가 있다

나무 밑의 벤치에 올라가
까치발로 힘껏 뻗은 손은
닿일락 말락
가쁜 숨소리가 들리는 듯
닿일락 말락
기어이 한 꽃자루 꺾어들었다
한 송이도 아닌 한 꽃자루

선생님께 드리겠단다
연분홍빛 감도는 흰색의
하트모양 꽃잎 5장

그 까치발에, 그 뻗은 손의 간절함

오늘의 이름, 날짜 대신
일기장에 써 놓고 싶은 이름
벚꽃, 아니 간절함

매일이 간절하기를
늦은 나이의 기도 제목이다

■
시인의 말

먼저, 부끄러움을 극복하게 하신 주님께 감사드립니다.

누나는 글을 써야 한다는 동생의 격려가 이 시집의 첫 단추였습니다. 또 공부하고 있다는 말에 물질과 정성을 다해 도와주고 기도해 준 형제와 친구들과 성도님들께 감사드립니다.

마지막 단추는 독자 여러분께서 꿰어주시기를 부탁드립니다.

또, 출판해 주신 세종출판사 관계자 여러분께 감사드립니다.

2023년 4월

김숙자비

오늘의 이름

초판1쇄 발행 2023년 4월 15일

지 은 이 김숙자
펴 낸 이 이길안
펴 낸 곳 세종출판사

주소 부산광역시 중구 흑교로 71번길 12 (보수동2가)
전화 051－463－5898, 253－2213~5
팩스 051－248－4880
전자우편 sjpl5898@daum.net
출판등록 제02-01-96

ISBN 979-11-5979-580-0 03810

정가 12,000원